lúdic

Johan Huizinga

# Acerca de los límites entre lo lúdico y lo serio en la cultura

casimiro

casimiro [*casimoroa edulis*]

*Over de grenzen van spel en ernst in de cultuur*
H. D. Tjeenk Willink & Zoon N. V., Haarlem, 1933.

Traducción del neerlandés de Goedele De Sterck

Libro publicado con el apoyo de la
Fundación neerlandesa para la literatura

Nederlands letterenfonds
dutch foundation
for literature

Diseño cubierta: Rossella Gentile
En cubierta: Rembrandt, *Autorretrato*, c. 1628
The Getty Center, Los Ángeles


Segunda edición, 2018

www.casimirolibros.es

ISBN: 978-84-15715-41-2
Depósito legal: M-7437-2014

Impreso en España

Índice

# Huizinga, la historia de la cultura, el juego y la continuidad

*Pedro Aullón de Haro*

## I

Holanda ha dado a Europa y, quizás subrayadamente a España, aparte de unos cuantos pintores muy importantes de la llamada Escuela flamenca, dos figuras eminentes e influyentes, ni más ni menos, y ambos maestros del humanismo, Erasmo de Rotterdam y Johan Huizinga (1872-1945). Además, este último difundió y se reconoció en la obra del clásico renacentista, el cual por lo demás ha sido considerado hasta respecto del pensamiento cervantino, es decir respecto de la creación en cierto modo más característica y elevada del espíritu hispánico. Pero Huizinga nunca se dedicó a estudios de materia española sino preferentemente de historia cultural en general y en concreto centroeuropea.

La recepción en Europa de la obra de Huizinga (no se olvide que inicialmente redactada en una lengua minoritaria como lo es la holandesa), fue encomiable desde un primer momento, tanto en Alemania, Italia y Francia como en España. A ello sin duda contribuyeron las llamadas de atención sobre la misma que hicieron personalidades eminentes de la época, como en particular Ortega y Gasset.[1] En especial *El otoño de la Edad Media* (1919) y *Homo ludens* (1938), prontamente traducidos a estas importantes lenguas, son títulos que han tenido reimpresiones sucesivas prácticamente década a década y hasta el presente, esto es durante un siglo, en todos esos países. Es decir, la obra de Huizinga no sólo ha sido más o menos influyente y prestigiosa en ciertos sectores de la historiografía intelectual y del pensamiento, o por encima del vaivén de las ideologías tan acentuado durante el siglo XX, sino que ha disfrutado privilegiadamente de un extraordinario número constante de lectores. No es fácil encontrar obras de historia de la cultura, más allá de ciertos grandes títulos, ya por muy especiales, así *La cultura del Renacimiento en Italia* de Burckhardt, ya por útiles o por el hecho de haber accedido a instrumento académico, como puedan ser en ambos sentidos los casos muy conocidos de Wölfflin o Panofsky, que unánimemente hayan dispuesto de una permanente y tupida difusión traductográfica y editorial en el occidente europeo.

1. *El otoño de la Edad Media. Estudios sobre las formas de la vida y del espíritu durante los siglos XIV y XV en Francia y en los Países Bajos* fue traducido desde el alemán al español por José Gaos en 1930 para Revista de Occidente. Fue después editado en 1945 por la misma casa, e igualmente en Buenos Aires, 1947.

Tras haberse publicado en Casimiro, en esta misma colección, *El problema del Renacimiento* (1920), vertido por primera vez directamente del holandés al español por Mathias Andlau, se ofrece aquí, y ahora por primera vez en lengua española, la versión, realizada por Goedele de Sterck, del discurso académico de 1933 que fue clave para la construcción de *Homo ludens*, es decir el ensayo breve *Acerca de los límites entre lo lúdico y lo serio en la cultura* (*Over de grenzen van spel en ernst in de cultuur*). Huizinga, autor de la más aguda y severa crítica realizada al concepto de "evolución", es por consiguiente el más decidido impulsor moderno del concepto de "continuidad", asimismo y eminentemente en sentido histórico, aunque se pudiera conjeturar una dimensión más rica del mismo, incluso en esa misma obra.[2]

## II

La reflexión metateórica o doctrinal de Huizinga está destinada a la delimitación y examen de los problemas propios de la Historia de la Cultura ampliamente dicha, insertándose pues en una corriente de la epistemología de

2. La idea de "continuidad" posee una dimensión ingente que arranca del pensamiento pitagórico, desenvuelve la filosofía escolástica, la física, la biología y la matemática… En ese amplio sentido referido arriba, no histórico y menos patente lo he asumido respecto del concepto de mímesis en *La continuidad del mundo y del arte*, Madrid, Dykinson, 2011.

las Ciencias Humanas cuya tradición, eminentemente germánica, tiene un oblicuo precedente en Winckelmann, el primer gran historiador del arte antiguo, y se establece teóricamente en la línea que esencialmente describen, de una parte, Windelband, Rickert y Dilthey, y de otra, Ranke y Burckhardt sobre todo. De hecho, cabe decir, Huizinga continúa el pensamiento teorético de aquéllos y, de algún modo, da volumen complementario a la práctica historiográfica de estos últimos. Sin embargo, Huizinga cabríase decir que asimismo representa, frente a Ernst Cassirer, con quien coincide cronológicamente, una alternativa más histórica que filosófica, una convergencia en torno al concepto de 'cultura' y, explícitamente o no, la coincidencia en efectuar una aportación relevante a ese género intelectual, paralelo o a veces inmerso en la Historia de la Cultura, decisivo para el siglo XX, esto es, la Historia de las Ideas, género iniciado propiamente por Menéndez Pelayo en la penúltima década del siglo XIX mediante su particularización de 'ideas estéticas'.

El ensayo titulado *La tarea de la Historia cultural* (1929)[3] es el texto que contiene de la manera más específica y monográfica el pensamiento de Huizinga acerca de esa rama historiográfica, sus fundamentos constructivos y sus relaciones, es decir la sustancial formulación de una

3. Existe versión española a partir de la inglesa en J. Huizinga, *Hombres e ideas. Ensayo de Historia de la cultura*, Prólogo de Bert F. Hoselitz, Buenos Aires, Compañía Fabril Editora, 1960.

poética, y en amplio sentido, del género de la Historia de la Cultura, según él presenta mediante la propuesta de cinco tesis. A este propósito, tras argüir las virtudes propias de las exigencias de la disertación doctoral, de la práctica universitaria medieval del debate y la disputa por medio de la confrontación de tesis, en las cuales se presupone un sistema de pensamiento, una alta coincidencia cultural entre los contendientes que incluye tanto las reglas del juego como la lógica y, en fin, también cierto dogmatismo y la carencia de relatividad que inversamente caracterizaría a la época moderna, Huizinga constata no sólo el sentido ceremonial, vetusto y hasta caballeresco de todo ello sino además su actual ausencia, subrayando en esas formas pretéritas un especial aspecto moderno determinable en el valor de su precisa concisión y su capacidad de atraer la atención por cuanto vienen a proponer una suerte de titular de "primera plana". Véanse los enunciados de las cinco tesis de Huizinga acerca de la Historia cultural.

*1ª La disciplina histórica padece el defecto de una insuficiente formulación de los problemas.*

*2ª El concepto de evolución es de escasa utilidad para el estudio de la historia, y frecuentemente ejerce una influencia perturbadora y obstructiva.*

3ª *Nuestra cultura sufre si quienes escriben la historia destinada al gran público son autores de una historia estetizante y emocional que surge de una necesidad literaria, que trabaja con medios literarios y persigue una finalidad literaria.*

4ª *Tarea principal de la Historia cultural es la comprensión y descripción morfológica del desarrollo real y específico de las civilizaciones.*

5ª *La división de la historia en periodos, por mucho que pueda ser indispensable, carece de importancia principal, es siempre vaga e imprecisa, y, hasta cierto punto, siempre arbitraria. Es preferible designar los periodos por medio de nombres incoloros, derivados de hechos históricos exteriores y casuales.*[4]

La actividad del historiador consiste considerablemente, según Huizinga, en desenterrar materiales y prepararlos para su posterior utilización, pues ni siquiera la tradición es el material sino que ésta lo contiene, pero en su labor bien hecha de investigación madura el conocimiento histórico. Si la tradición no es interrogada no produce historia. Ahora bien, el análisis ha de partir ya de la posesión de una síntesis; una concepción coherente y ordena-

4. Véase ed. cit., p. 17-70.

da es prerrequisito de la preliminar excavación, y el error ya se encuentra en la acumulación de materiales analizados para los que no hay demanda. En cualquier caso, la fragmentación arbitraria de la realidad del pasado no crea unidad: es la selección mental de elementos de la tradición aquello que puede conducir a una imagen histórica coherente. También insiste Huizinga en la peligrosidad de la búsqueda y el análisis que no sabe aquello que busca, en los interrogantes mal formulados. La investigación histórica debe arrancar siempre del deseo de "conocer bien un fenómeno específico", ya por aspiración intelectual o necesidad espiritual, y ello ha de fundarse en la claridad del interrogante, sin la cual el conocimiento no provee respuesta.

Explica Huizinga cómo la Historia cultural, que tiene por objeto ciertamente la cultura y ésta es de difícil definición, padece mayormente que la historia política y económica la imprecisión de su propia problemática, y sólo alcanza su distinción, su entidad, a diferencia de éstas, cuando centra temas generales y profundos, los cuales únicamente obtiene mediante la forma de una configuración, mientras que los detalles, sean morales o folklóricos, etc., conducen a la mera curiosidad. A juicio de Huizinga, las divisiones de la Historia cultural correspondiente a los sectores de historia eclesiástica y de las religiones, del arte o de la filosofía o la literatura, la ciencia o la tecnología, que han de atender al estudio del detalle, no son por sí mismos Historia cultural. Es más, ni la historia de los estilos ni la de las ideas pueden denominarse estrictamente Historia cultural. Sólo tendría lugar ésta como resultado del esfuerzo por el establecimiento de "las pautas generales de la vida, del arte y del pensamiento", las cuales no son dadas sino producto del libre pensamiento. Añadamos por nuestra parte que Huizinga, en coherencia con su doctrina, practica la historia de las ideas en el régimen de su Historia de la cultura, pues indistintamente se sirve de esta especificidad cuando procede o conviene a la marcha de su investigación, investigación cuyo discurso es muestra ejemplar de síntesis y de integración, en lo cual se distingue con el perfil de gran humanista.

En fin, riesgos importantes de la Historia cultural son la posible conversión de su morfología en mitología y, por otra parte, la tendencia al antropomorfismo; su diferencia con las ciencias humanas, las cuales todas vienen a constituir un modo histórico y un modo de filología, radica en que finalmente la Historia cultural no se propone la comprensión de los objetos humanísticos en sí sino a vista de la corriente histórica, en virtud de la íntima conexión entre el conocimiento histórico y la vida misma.

## III

En el ensayo *Acerca de los límites entre lo lúdico y lo serio en la cultura*, precedente muy relevante de la monografía *Homo ludens*, Huizinga categoriza el par 'lúdico'/'serio' en una amplia dimensión de la cual podríamos afirmar que abarca desde la antropología filosófica hasta la estética. Y de hecho, asume el concepto de 'cultura' en tanto que 'aspiración' cognoscitiva a relacionar con un sentido de 'herramienta', de 'servicio' y de 'expresión' fruto de la mente. Entiende que las actividades de la vida cultural son el 'lenguaje', el 'mythus', el 'cultus'..., siendo el 'juego' un "factor cultural", pero como después se verá, aquel factor que fundamenta toda la cultura.

Aunque también hablará de la inexistencia de plena antinomia seriedad/juego, Huizinga establece como rasgo común del juego: a) la falta de seriedad; b) la capacidad de enlace y desenlace entre personas, de hechizar o cautivar, representar algo dentro de su universo propio, cosa que puede corresponder al acto sagrado y al misterio, al secreto, a lo mítico o al entusiasmo, a la lucha, ya entre niños o entre animales, a las apuestas y también la seriedad; y c) la creación de estilo mediante arte (ritmo, armonía, refrán, etc.), estilo estético y orden y fidelidad ética.

Constata Huizinga que las teorías tanto psicológicas como sociológicas del juego se muestran contrarias entre sí y resultan insatisfactorias. Sucede que la categoría de juego carece de límites estables y no se presta a clara demarcación pues apenas es distinguible de las de mito y culto, al tiempo que presenta una finalidad limitada y es acto que se desarrolla en sí mismo y de ahí su sentido autónomo. Desde el punto de vista semántico, o terminológico, podríamos decir, el juego, dispar y múltiple, piensa Huizinga, no es plenamente antinómico respecto de la seriedad, presenta muy difícil diferenciación de lo serio, lo niega y a su vez consiste en algo serio en sí, siendo que "lo lúdico se revela como una categoría primaria y absolutamente autónoma de la actuación humana e incluso animal". Esta es la fundamentación del argumento, pero no es nuestro propósito dar aquí completa descripción de su eje ni de las ejemplificaciones expansivas que recubren la totalidad histórica y de los diferentes ámbitos de la realidad o la actividad humana.

Ciertamente, el concepto de juego obtiene su gran relevancia y madurez teorética en Kant (*Crítica del Juicio*) y Friedrich Schiller (*Cartas sobre la educación estética del hombre*), es decir, como base, en la formulación kantiana epistemológica relativa al "juego" de las facultades en tanto que "libre", referido a la contemplación del objeto estético, a los mecanismos del juicio de gusto. Esto en Schiller accede a una verdadera categorización última que, dicho en pocas palabras, identifica belleza, libertad y juego como momento unitivo del espíritu humano y su transposición a una educación y un Estado estéticos en tanto razón del verdadero progreso y la verdadera revolución, estética, revolución sin violencia. En el argumento schilleriano, en el desenvolvimiento de su sutil y compleja dialéctica cabría decir que en último término queda encerrada la posterior concreción descriptiva e interpretativa desplegada por Huizinga, así como su visión de la "continuidad", incluso en el manifiesto aspecto histórico antes subrayado a propósito de la Historia cultural a partir de la crítica al concepto de "evolución". Probablemente, como viene a advertir Rogier Jacques, Huizinga no subraya debidamente la esencial dependencia schilleriana de sus argumentos

El juego, de diversos modos componente importante del pensamiento humanístico, del arte y la literatura, como entiende el propio Huizinga, ha sido explicado en esos términos, totalizando su curso, por Rogier Jacques,[5] y respecto de la literatura por Stephan Matuschek.[6]

Pedro Aullón de Haro
Universidad de Alicante

5. Véase R. Jacques, "El juego y el humanismo", en P. Aullón de Haro (ed.), *Teoría del Humanismo*, Madrid, Verbum, 2010, vol. II, pp. 327-352.
6. S. Matuschek, *Literarische Spieltheorie. Von Petrarca bis zu den Brüdern Schlegel*, Heidelberg, Winter, 1998.

# Acerca de los límites entre lo lúdico y lo serio en la cultura

*Johan Huizinga*

*Excelentísimos e ilustrísimos miembros del Claustro Universitario, estimados estudiantes, señores y señoras, es para mí un honor darles la bienvenida a este acto solemne.*[1]

Quien sube a esta cátedra un 8 de febrero le debe a su auditorio algo más que un detalle cualquiera sacado de su granero científico. En la medida en que se lo permita su campo de investigación, está llamado a plantear, a mi juicio, una problemática que de alguna manera revista índole general y esté relacionada con la esencia de su campo de investigación, ya sea a modo de cuestión de principio, descubrimiento de reciente data o ensayo metodológico. Y, de ser posible, que adquiera, además, visos de testimonio.

Hoy les hablaré de una cuestión con la que me topé hace ya treinta años y con la que desde entonces he vuelto a encontrarme una y otra vez en los ámbitos más diversos.

1. Discurso pronunciado por el rector magnífico Johan Huizinga el 8 de febrero de 1933, en el trescientos cincuenta y ocho Dies Natalis de la Universidad de Leiden.

Es algo que siempre me ha interesado. Nunca ha dejado de rondarme la cabeza. No pretendo aportar ninguna solución: sólo espero poder arrojar alguna luz sobre la naturaleza y el alcance de la cuestión que voy a plantear aquí.

Mi discurso versará sobre los límites del juego y la seriedad en la cultura. Tendré que dar grandes zancadas –sólo disponemos de una hora– y en más de una ocasión me veré obligado a aventurarme por unos terrenos muy alejados de aquel que me ha sido encomendado. No les pediré disculpas si mis palabras les dejan sin aliento histórico o exigen más atención de la que ustedes pueden concederme: les debo una conferencia académica, no una charla divulgativa.

Si hablo de *cultura*, no es porque este vocablo me resulte más grato al oído que el de *civilización*, sino porque en nuestro pensamiento contemporáneo ha ido cobrando un valor distinto y a su vez distintivo que hace que ya no podamos prescindir de él.

Toda cultura es *aspiración*. Aspiración al dominio de la naturaleza, mediante el saber hacer y el conocimiento, mediante la creación y la comprensión. El ser humano es siempre *homo faber*, ya cree una palabra, fabrique un arco o construya un puente. ¿Acaso existe alguna muestra de civilización que no se ajuste a la tesis de que la cultura es aspiración? Abarca la fe y la religión, el Estado, la legislación y el derecho, la técnica, la arquitectura, la poesía y el saber, el comercio y la comunicación. Todo objeto de cultura es herramienta y toda herramienta es una sinergia lograda de voluntad y acción.[2]

Toda cultura es *servicio*. Cada herramienta, cada signo, cada palabra, cada imagen sirve para algo, y el ser humano que los maneja presta un servicio, en el sentido más elevado de la palabra. En este mundo no hay dominio sin servicio; el ser humano se somete voluntariamente, y quien crea ejercer su dominio en libertad y a su antojo está más subyugado que nadie.

Me queda por mencionar una tercera y última categoría: toda cultura es *expresión*. Dicho de otro modo, es fruto de la mente, que lo transforma todo para generar algo que va más allá de la naturaleza y se diferencia de ella. Cualquier objeto de cultura, ya sea una rueda, un microscopio, un concepto filosófico, un acorde musical, lleva la huella de esa diferencia. Es siempre transformación, fijación, creación, ya sea imaginaria, material o lingüística. Las palabras, de las cuales necesito servirme aquí, tienen todas un sentido figurado, todas son *metáforas*. Nuestro pensamiento se halla inexorablemente anclado en la imagen.

Citemos ahora las tres grandes actividades genuinas de la vida cultural: el *lenguaje*, el *mythus* y el *cultus*.[3] Gracias

2. Véase H. Freyer, *Theorie des objektiven Geistes, eine Einleitung in die Kulturphilosophie*, Leipzig, 1928, p. 61. [Trad. R. Gutiérrez de Girardot, *Teoría del espíritu objetivo*, Editorial Sur, Buenos Aires 1973.]

3. Véase H. Freyer, *Der Staat*, Leipzig, 1925, p. 49.

al lenguaje, herramienta primera y suprema, nos comunicamos, aprendemos, damos órdenes; el lenguaje distingue, determina, fija, nombra, es decir, nos eleva en los dominios de la mente. El *mythus*, en aquellas fases culturales más primitivas que la nuestra, explica lo terrestre y cimienta lo humano en lo divino. Por su parte, el *cultus*, acto sagrado, trátese del arado de la tierra o de la llama del sacrificio, siempre determina..., ¿con qué fin? Con el fin de que las cosas sean como tienen que ser y se mantenga el orden eterno del mundo. En las culturas antiguas, el comercio y el derecho, la técnica y el arte, la sapiencia y la ciencia permanecen dentro del ámbito del *mito* y del *culto*.

En estas tres grandes actividades, factores esenciales de la cultura, tiene también cabida el *juego*. Ahora bien, ¿se puede considerar el juego como un elemento cultural en el sentido estricto de la palabra? A fin de cuentas, es anterior a la cultura: ya sea en términos filogenéticos, pues el animal también juega, u ontogenéticos, pues en cualquier niño el juego se manifiesta en la más vívida plenitud del concepto. ¡Estamos pues ante una cuestión vastísima! Pero no teman: no pienso hacer de psicólogo ni tampoco de sociólogo. Dejaré que los cuervos compitan entre sí sin que sus vuelos se vean interrumpidos por experimentos o teorías, y que los niños jueguen despreocupadamente a las canicas. El juego está en la historia misma, en todos los tiempos; lo acepto tal cual me lo encuentro, como una magnitud dada, en el marco de la cultura; no me detendré a elaborar una "explicación" o una "teoría" del juego, sino que trataré de describir el ámbito que ocupa dentro de la cultura –no los varios juegos, sino el juego como tal. En definitiva, ya lo he dicho antes: hablaré de lo lúdico en cuanto factor cultural.

Sólo puede ser factor cultural en la medida en que contenga un elemento social. Ello nos permite ir acotando el campo de estudio: lo que nos interesa son los concursos, las competiciones y los espectáculos, la danza y la música, las pastorales y las mascaradas.

Por el momento, el rasgo común que constituye la verdadera esencia de todo juego, ya sea animal, infantil o adulto, únicamente se puede definir de forma negativa, es decir, como algo *falto de seriedad*: el juego no es serio. Pero entre sus características más específicas destacan también las siguientes.

De todo juego –siempre y cuando sea colectivo e implique una interacción entre personas– se puede decir que entraña un elemento de *enlace* y otro de *desenlace*. Durante un tiempo determinado y en un lugar concreto, el juego crea dentro del mundo ordinario otro universo propio, extraordinario y acotado en el que los jugadores se mueven de acuerdo con una ley especial e imperiosa hasta que ésta los libera. El juego *hechiza*, es decir, emite una palabra mágica, que acucia. El juego *cautiva* y atrapa en un mundo específico, en sentido figurado.

Una segunda característica, totalmente distinta, se halla también presente en un gran número de casos. El juego *representa* algo. El verbo *representar* resulta aquí más pertinente que el de *imitar*, por importante que sea el lugar que este último concepto ocupe en la psicología del juego en general. Representar significa también realizar, actuar dentro de ese universo específico y limitado en el tiempo que el mismo juego crea. El juego representa y da forma a lo que parecía carecer de ella. Es *acto*, *dromenon*, *drama*. Aquí es donde se produce la principal unión entre lo lúdico y el culto. Mirándolo bien, en cierto modo el juego es siempre *acto sagrado*; en el fondo, la relación o correlación con lo divino no falta jamás; tan pronto como el juego se convierte en *servicio*, llamado a expresar ese nexo, se transforma en acto de culto, ritual, liturgia y hasta en misterio. Evocación y representación de lo sagrado, de lo inenarrable, celebración de un momento sacro, ámbitos, éstos, que elevan el juego a su función más alta. En este contexto, el *secreto*, que suele ligarse a lo lúdico en sus diferentes fases, adquiere un significado místico, a la par que el embeleso y la exaltación pasan a calificarse de entusiasmo divino y éxtasis.

Culto, juego y fiesta... Ya lo ven: ¡se nos están abriendo los vastos jardines de la historia cultural! Sin embargo, no nos adentraremos en ellos.

Detengámonos en una tercera característica. Aunque no siempre presente, es quizá todavía más relevante que las anteriores: el juego es *lucha*. Lo es en los niños y en los animales: medirse, competir, lucirse al máximo. Entre aquellos elementos que tiempo atrás centraran mi pensamiento en las preguntas que trato de formular aquí recuerdo siempre como valioso y muy enriquecedor el artículo de Hermann Usener que lleva por título "Heilige Handlung", publicado en el año 1904,[4] en el que el autor revela de forma magistral la coherencia y el significado de los combates entre los efebos espartanos, las catervas romanas u otras manifestaciones semejantes. Las contiendas juveniles –que hace cincuenta años aún estaban bien vistas, pero que ahora están remitiendo por motivos pedagógicos y de seguridad pública–,[5] los torneos, el deporte en su conjunto, los coros masculinos, todo ello, desde las celebraciones más sagradas hasta la más nimia pelea de niños, entra en la categoría del juego entendido como lucha. No se debe descartar que los combates fingidos –en realidad también lo eran los de los gladiadores– tengan un desenlace sangriento, pero la lucha no implica necesariamente el uso de armas afiladas. Las competiciones en arte, ingenio y agudeza, en rapidez y agilidad, o en ostentación e indulgencia, son tan antiguas y están tan

4. *Archiv für Religionswissenschaft*, VII, 1904, p. 281. A mi juicio, hoy en día la relación que establece el autor entre estos combates y la lucha del verano y el invierno ya no resulta muy plausible.
5. En su novela *Lavengro*, George Borrow describe las luchas que libraban los jóvenes en el Edimburgo de principios del siglo XIX y en las que, según él, más de uno perdía la vida.

difundidas, y son quizás más importantes para el desarrollo de la cultura, que los juegos con armas. El arte, la ciencia y la técnica deben, si no su origen, sí su florecimiento a la competición. Más adelante pondré algunos ejemplos. Por el momento me limitaré a trazar algunas pinceladas generales.

El juego entendido como lucha encierra un elemento consustancial: el premio, la apuesta. Se compite, se juega por algo: por el advenimiento de un efecto cósmico cuando el juego es *culto*; y cuando no lo es, por una mujer, un reino, la propia vida o dinero. Seguro que ustedes no juegan al *bridge* así como así. ¿Por qué no? ¿Por codicia? No, no es por eso. Más bien porque, de lo contrario, dejaría de ser un juego, pues –y aquí asoma lo contradictorio– el juego, para poder ser considerado como tal, ¡tiene que ser serio! Competición, juego de azar, ingenio o suerte, ajedrez o apuestas, siendo manifestaciones de lucha, guardan semejanzas entre sí, estando todas ellos fuertemente enraizadas en la naturaleza humana.

Nos queda por comentar otra característica general. El juego crea *estilo*, hasta en sus formas más sencillas. Esos niños que bailan y cantan, tal y como podemos ver aún en torno a la Pascua en las calles de cualquier ciudad de provincias, proyectan un estilo indescriptible, puro y elevado que a veces el arte y la sociedad anhelan y persiguen en vano. Los atributos del juego –ritmo, repetición, cadencia, refrán, estructura cerrada, acorde o armonía– son también los elementos constitutivos del estilo. Ya lo ven: ¡los jardines de la cultura que se nos abren se vuelven cada vez más hermosos! Todo el arte está ligado al juego; ante las pastorales y los idilios, uno se pregunta en balde si prima el juego o el arte.

Aquello que se denomina *estilo* en el terreno de la estética se conoce como *orden* y *lealtad* en el de la ética. También estos frutos maduran en el vergel del juego. De hecho, el juego presupone *asociación*, en el mejor sentido del término.

A estas alturas tal vez ya se hayan cansado y piensen para sus adentros: basta ya de generalidades, háblenos de historia. Sin embargo, les pido un poco más de paciencia. Por mucho que haya prometido no referirme a las muchas teorías elaboradas desde la psicología o la sociología sobre el origen, la naturaleza y el significado del juego[6] no puedo por menos que dedicarles unas palabras. Al repasar la multitud de opiniones existentes se llega a la conclusión de que, además de ser contrarias entre sí, son de todo punto insatisfactorias. Van desfilando uno tras otro los numerosos motivos aportados como esencia y fundamento del juego: exceso de vitalidad, imitación, distensión, ejercicio preparatorio, autocontrol, afán de conse-

6. Para una visión de conjunto de las teorías del juego, véase H. Zondervan, *Het Spel bij Dieren, Kinderen en Volwassen menschen*, Wereldbibliotheek, Ámsterdam, 1928.

guir o provocar algo, ansia de dominación, competición, descarga de instintos nocivos, necesidad de complementar una actividad monótona, etcétera. Da la impresión de que el principio explicativo escogido, sea cual sea, es tan sólo uno más entre los muchos elementos presentes en el juego. La teoría no conduce a una definición atinada del concepto.

Curiosamente, la categoría *juego* carece de unos límites estables; no se presta a una demarcación clara; apenas se la distingue de las categorías del mito y del culto. Las características fundamentales del juego pueden, acaso, ser observadas, pero difícilmente pueden ser explicadas: se trata de un empeño de finalidad limitada, de un acto que concluye en sí mismo. Incluso la extraña división de la consciencia que hace que el jugador se entregue a ese *algo distinto* a la realidad que se esfuerza por expresar, representar, imitar, figurar, sin confundir jamás la apariencia con la realidad (ni siquiera cuando es un niño), tan sólo puede ser constatada: es una antonimia.

La teoría del juego presenta otra carencia, además del desamparo o incapacidad que acabo de mencionar. Debido a la indefinición del concepto, cualquiera que intente determinar la posición que ocupa el juego en la vida corre el peligro de extender ilimitadamente los dominios del afán de juego y encontrarlo por doquier, incluso ahí donde no pretendía buscarlo. Cuántos de ustedes acogerán con indignación la noticia de que, según Karl

Groos, fumar es, si no íntegramente al menos en parte, un juego del tacto y ¡no tanto del olfato![7]

La semántica se acerca más a la cuestión histórica y cultural que nos ocupa que la teoría general del juego. Con ello me refiero al marco semántico en el que se mueven las palabras relacionadas con el juego y el acto de jugar en los diferentes idiomas. Aun así, aquí también nos aguarda un escollo tras otro. Volvemos a toparnos con los límites de lo inalcanzable. El ámbito semántico del juego no está bien delimitado en ningún idioma y la comparación lingüística demuestra que varía de una lengua a otra. Ni el *play* inglés ni el *jeu* francés cubren del todo el *spel* neerlandés, y viceversa.

El juego en sí es más antiguo que la lengua y la cultura. En cambio, todo indica que la noción, como concepto, parece ser muy reciente. No sólo falta una palabra indogermánica común, sino que dentro de la rama germánica el alemán, el anglosajón y el escandinavo divergen entre sí y cuentan con una palabra propia. En algunos idiomas, el concepto, y por tanto también la amplitud del término, están muy desarrollados y ramificados; en otros, el alcance semántico es más bien escaso. A este respecto llama la atención el contraste entre el griego y el latín. Si bien es probable que los griegos jugaran más, mejor y con una

7. Karl Groos, *Die Spiele der Menschen*, 1899, p. 13.

intensidad y un entusiasmo superiores a los de ningún otro pueblo del mundo, en su lengua el binomio *juego-serio* no da muestras de una gran riqueza. *Σπουδη*-seriedad es una palabra de uso muy secundario y de exiguo alcance. Por su parte, *παιδια*, *nomen actionis* de *παιξειν*-jugar, también se presenta como un vocablo de uso limitado: no abarca las grandes competiciones en la esfera del culto ni el tocar un instrumento musical. En cambio, entre los adustos romanos, *ludus*, y en un sentido más estricto *lusus* y *iocus*, fueron palabras de uso corriente. El ámbito semántico de *spel*, *Spiel* y *play* también es amplio y variado.

El concepto de juego –considerado en su sentido más inmediato– guarda cierta relación semántica con las nociones de lucha, movimiento y luz. Resulta asombroso, en este sentido, observar cómo el significado de la palabra se va ensanchando, como si el juego propiamente dicho se le escapara una y otra vez, hasta el punto de que el vínculo con la idea inicial puede volverse extremadamente débil.[8] Lo ilustraré con un ejemplo: mientras preparaba

8. La falta de relación con el sentido original salta a la vista en las palabras *kerspel* [parroquia] y *dingspel* [distrito judicial], del neerlandés medio, así como en *Beispiel* [ejemplo], alto alemán. Para más información véase el artículo "Spiel" y sus compuestos en el *Deutsches Wörterbuch*. Estos extraños saltos semánticos ya se producen en el alto alemán medio, por ejemplo en *ebenspil tuon* [hacer lo mismo], *endespil* [decisión], *ein ungeteiltez spil* [una elección difícil], *sie ist mîner Dugen spil* [es el júbilo de mi virtud]. En los círculos místicos aparecen los vocablos *inspiln* y *widerspiln* - ambos compuestos de *spiln*- con el significado de resplandor espiritual.

este discurso, me dije que el tema podía "dar mucho juego". Este creciente debilitamiento semántico se manifiesta con especial nitidez en el *Spiel* alemán. Ocurre lo mismo con el *play* inglés. Jocosos como pocos, a los ingleses no les bastaba con una única palabra. Así fue como surgieron *game* y *sport*.

En las lenguas germánicas, el vocablo con el que se denomina el juego también se emplea para la interpretación instrumental de la música, al igual que en francés y en algunas lenguas escandinavas, e incluso en árabe,[9] pero no así en latín, italiano o español. Precisamente esta analogía (que entre las ramas románica, germánica y escandinava podría ser fruto del préstamo) da a entender que la relación semántica entre el juego en el sentido general primario y las habilidades instrumentales y musicales tiene raíces profundas. El *speelman* neerlandés [juglar] es el músico, no el pintor. Los ámbitos que la lengua y la cultura suelen vincular con el juego son, además de la compe-

9. Según me comunica mi colega Wensinck, el significado de la raíz *la'iba*, incluidas las formas afines, oscila en las diferentes lenguas semíticas entre "reír, bromear, jugar, coquetear, burlarse, incordiar y babear". La evolución del concepto de juego en sánscrito resulta especialmente instructiva. La raíz *krid* sirve para referirse al juego tanto de los seres humanos y los animales como del viento y las olas. En no pocas ocasiones adquiere una connotación erótica. Sin embargo, no se usa para expresar las habilidades musicales. En cambio, *las-*, y en particular, *vilasa*, se enmarca en la esfera semántica de "resplandecer, emerger o resonar, ir y venir" y, al igual que *spel* y *Spiel*, puede significar también "actuar, estar ocupado" en general. En *lila* predomina la idea de "sencillez, futilidad" y "apariencia"; de hecho, *gajalilaya* quiere decir "como un elefante".

tición en general, la música, la danza, la caza y la erótica, a veces también la bebida, pero casi nunca la comida.

El alcance del término *juego* gana en definición gracias a su contrario, que al mismo tiempo lo completa: la idea de lo *serio*. Hasta donde yo sé, este binomio de conceptos complementarios que se apoyan el uno en el otro resulta especialmente estable y significativo en las lenguas germánicas. El alto alemán, el bajo alemán y el inglés comparten la palabra *ernst-earnest* [seriedad]; los idiomas escandinavos cuentan con su propia variante. Si nos remontamos a los orígenes de este vocablo descubrimos para nuestra sorpresa que la base etimológica, no sólo del juego sino también de la seriedad, entendidos como nociones generales, se halla en el ámbito de la *lucha*. Este sería un hallazgo desalentador si ignoráramos que no todos los combates se libran con armas.

Así pues, al parecer, la contraposición entre lo lúdico y lo serio, que a primera vista puede antojársenos clarísima, obvia e imprescindible, es más bien reciente y no está completamente desarrollada en todos los grupos lingüísticos. En las fases culturales más antiguas, el juego entendido en sentido amplio aún no aparece como "algo distinto", "algo autónomo". Sin embargo, en nuestra consciencia, la cualidad de ser "algo autónomo", "algo distinto a la seriedad", ocupa el primer plano. Así y todo, el contenido de esta oposición resulta tremendamente volátil, incluso para nosotros. Lo "otro" que diferencia lo lúdico de lo serio no se puede describir en términos sencillos y exactos. Nos topamos una y otra vez con algo indefinible. La dicotomía *serio-juego* no equivale a la de *verdadero-falso*; tampoco coincide con el binomio *útil-inútil*, ya que el juego siempre persigue un fin, incluso inmediato. El juego es la negación de lo serio, pero posee no obstante un rasgo muy propio: tiene algo de serio. Tampoco mantiene con lo serio una relación de subordinación: no es una expresión inferior y limitada de lo serio. Por más vueltas que le demos, el juego se revela como una categoría excepcional, primaria y autónoma del actuar humano e incluso animal.

Ha llegado el momento de entrar en consideraciones históricas. A continuación les mostraré a vista de pájaro cómo el juego, en sus manifestaciones más diversas, acompaña el desarrollo de la civilización en los principales ámbitos de la vida espiritual y social, tanto en las fases culturales tempranas como en las más recientes. Digo *acompañar* para no suscitar la impresión de que quisiera exponer aquí alguna teoría evolutiva. No pretendo defender la hipótesis de que la cultura humana hubiera nacido del juego, sino que me propongo ante todo llamar la atención sobre el paralelismo, el apoyo mutuo y la profunda indisociabilidad que existe entre las categorías del juego y de lo serio en la cultura. Como mucho podremos concluir que los elementos culturales tienden a adoptar una apariencia lúdica.

Empezando por nuestro propio campo de estudio, este parece ser el caso en el terreno de la filosofía y la ciencia. Es algo que queda patente en los Vedas y en los textos de los brahmanes, en los manuales de las escuelas sacerdotales en los que se mezclan sacrificios rituales, mitos, explicaciones y reflexiones acerca de las incógnitas más hondas de la existencia. En las grandes celebraciones religiosas, los brahmanes competían en *jatavidya*, es decir, en el conocimiento de los orígenes de las cosas. Planteaban dudas de índole cosmogónica que semejaban adivinanzas: "Dime ¿cuál es el límite exterior del mundo? ¿Y el centro del universo".[10] "¿Cómo se explica que el viento no deje nunca de soplar, que el espíritu no descanse jamás y que las aguas, en su búsqueda de la verdad, no se concedan ningún respiro?".[11] "¿Quién sabe y quién puede decirnos de dónde venimos y de dónde proviene lo creado?".[12] Las respuestas eran variadas, pues surgían por inspiración, de forma espasmódica, a modo de soluciones. Se consideraban válidas si cuadraban desde el punto de vista lógico, litúrgico o poético. En esta rivalidad entre sacerdotes, en este juego de preguntas y respuestas, emergían, de repente, las visiones más penetrantes acerca del origen de las

10. *Rig-veda* I 164, 34.
11. *Átharva-veda* X 7, 37. Este himno está formado casi íntegramente por enigmas cosmológicos; cf. X 8, 3-10, X, 2, sobre el cuerpo humano y la Tierra. Compárese con el himno *Rig-veda* VIII, 29.
12. *Rig-veda* X, 129, 6, himno tan profundo como grandioso que Deussen bautizó como el texto filosófico más admirable de los tiempos remotos. *Allgemeine Geschichte der Philosophie*, I, 120.

cosas que la mente humana jamás haya podido imaginar. La máxima sapiencia consistía en formular una pregunta para la que nadie tuviera respuesta. El rey Janaka organizó un certamen teológico, con mil bueyes de recompensa para el ganador. El sabio Yajnavalkya pidió para sí el rebaño incluso antes de empezar el concurso y venció luego con tal rotundidad a sus contrincantes que uno de ellos, Vidagdha Sakalya, perdió literalmente la cabeza; se le cayó del tronco al no saber contestar a una de las preguntas. Cuando ya nadie se atrevía a plantear más dudas, Yajnavalkya exclamó, triunfante: "¡Honorables brahmanes, quien quiera que me pregunte, o preguntadme todos, o preguntaré yo a quien quiera, o a todos!".

Así es como lo recogen, en tono medio jocoso, los textos sagrados.[13] La sabiduría y el juego son indisociables, no en el sentido de que éste dé origen a aquélla, sino porque la sabiduría, en cuanto sagrada prueba de perspicacia, se practica en forma de juego.

No vayan ustedes a creer que este nudo se desata en fases culturales más avanzadas. A mi modo de ver no resulta difícil encontrar un fuerte elemento lúdico en la historia de los sofistas griegos. En cierto modo, el juego

13. *Satapathabrahmana* XI 6.3.3, *Brhadaranyaka-upanishad* III I-9. El certamen de sapiencia adopta la típica forma de los juegos de computar, repetir y emular de los que habla E. B. Tylor en *Primitive Culture* I, cap. 3. [Trad. de M. Suárez, *Cultura primitiva*, Ayuso, Madrid, 1977.] Además, las dudas planteadas resultan ser adivinanzas en las que uno puede llegar a jugarse la vida. Véase A. Jolles, *Einfache Formen*, Halle, 1929, pp. 131 y ss.

queda reflejado en la mismísima palabra griega *προβλημα* [problema], que significa literalmente "algo que se plantea: ¡venga, resuélvelo si eres capaz!". Quizá también esté presente en el hecho de que el vocablo *ludus* posea en latín entre otras muchas acepciones el significado de *escuela*. El elemento lúdico vuelve a estar muy presente en los albores de la Escolástica, y por tanto también en los de la Universidad. La contienda espiritual tan difundida en el siglo XII presenta todos los rasgos propios del agonismo más elevado. La disputa y el torneo no son más que formas alternas que manifiestan la necesidad vital de competir propia de una era de pujanza. Abelardo es el representante por antonomasia del noble juego intelectual. Él mismo lo atestigua: por una apuesta, renunció al estudio de las Letras en beneficio de la Teología.[14] Abelardo es el caballero errante antes que el trovador de la Escolástica, como se le ha dado en llamar: siempre en busca de dignos rivales con quienes medirse en el arte de la dialéctica.[15] A juzgar por las descripciones de Juan de Salisbury, la escolástica de aquellos tiempos presentaba rasgos propios de una competición agonística.[16]

14. Abelardo, *Opera*, ed. V. Cousin, I, p. 7.
15. *Ibid*., p. 4: "Et quoniam dialecticarum rationum armaturam omnibus philosophiae documentis praetuli, his armis alia commutavi, et trophaeis bellorum conflictus praetuli disputationum. Proinde diversas disputando perambulans provincias, ubicunque huius artis vigere studium audieram, Peripateticorum aemulator factus sum". ¿Cabría la posibilidad de que en este fragmento Abelardo, conocido como el Peripatético Palatino, se refiriera en forma de juego de palabras a un "filósofo errante"?

No se me antoja aventurado relacionar la largamente debatida cuestión de los universales en la Baja Escolástica con ese gusto filosófico por el juego. De hecho, la discusión académica siempre ha tenido algo de esto. Ya les he advertido que estamos ante una temática peligrosa. Permítanme que cite simplemente, a modo de apunte, a Max Scheler y su concepto de "Spieltrieb des rechtslogischen Denkens" [propensión lúdica del razonamiento ligado a la lógica del derecho].[17] No me aventuro a evaluar la legitimidad de esta calificación. Sin duda las demás ciencias también cuentan con algunos campos donde el ansia de jugar se manifiesta en toda su frivolidad, por ejemplo en el afán etimológico, ya muy arraigado en el Antiguo Testamento y los Vedas, y cuyas acrobacias, practicadas

16. Por ejemplo, *Metalogicon* II. IV, I c. 3, aunque contiene un fuerte componente satírico. En *De Vanitate mundi*, Migne 176.709, Hugo de San Víctor describe una escuela donde los alumnos están ocupados con sus múltiples tareas: "Alii autem acriori et ferventiori quodam studio de magnis, ut videtur, negotiis disceptationes quasdam ad invicem exercent et se quibusquam innexionibus et gryphis vicissim fallere contendunt". La historia de la disputa entre Gerbert y su adversario Ohtrich de Magdeburgo, en Ravenna, ante el emperador Otón II, en el invierno de 980-981 constituye un vivo ejemplo de la filosofía convertida en juego. La recoge Richer, *Historiarium: Libri IV*, ed. Waitz, *Scriptores rerum Germanicarum*, pp. 104-109, III c. 55-65. Ohtrich envía a uno de sus hombres a Reims para que vigile de cerca a Gerbert sin que este se dé cuenta. En un momento dado cree poder demostrar que su rival ha cometido un error y acude a ver al emperador en compañía del testigo. A raíz de la visita, Otón II organiza un torneo entre Ohtrich y Gerbert. Con el fin de avivar la lucha anima a Gerbert a lanzar un ataque sorpresa, obligándole a ofrecer mayor resistencia. A mi parecer, aquello que se viene llamando Renacimiento Carolingio no es mucho más que un solemne juego cortesano de erudición, piedad y poesía.

17. M. Scheler, *Die Wissensformen der Gesellschaft*, I, p. 105.

con pasión por legos y expertos, nunca se han visto cercenadas, ni siquiera con la aparición de una lingüística más rigurosa.

Cada vez que la filosofía y la ciencia se renuevan vuelve a emerger el elemento lúdico, la controversia abierta. La ciencia es polémica, aunque unas veces más y otras menos. En la segunda mitad del siglo XVII, cuando se impone la ciencia moderna, todo se alineó en bandos y facciones. La *Querelle des anciens et des modernes*, que se produjo en torno a 1690, sólo fue uno de los muchos debates de esa época. A favor o en contra de Descartes, a favor o en contra de Newton, a favor o en contra de la redondez de la Tierra o de la vacunación... polémicas interminables. La menor cuestión científica desencadenaba un conflicto. En medio de todo esto, jugando, la mente crece y vive.

El juego de pregunta y respuesta resulta ser un excelente caldo de cultivo para la sabiduría, y también para la poesía. Quien contesta con la palabra crea filosofía o ciencia; quien contesta con la imagen crea poesía. En ambos casos, la respuesta es coherente si se ajusta a las reglas del juego y puede ser comprendida por los otros jugadores. Del mismo modo que en las culturas antiguas el filósofo es aquel capaz de plantear y resolver enigmas cósmicos, el poeta es aquel capaz de hablar el lenguaje artístico que sólo los iniciados entienden. Aquí es donde se extiende el campo labrado en el que florece todo cuanto en la antigua tradición poética noruega se conoce como *kenningar*: ahí donde la lengua se convierte en "espina del habla", la tierra en "vestíbulo de los vientos", el viento en "lobo de los árboles" y el oro en "cabellera de Sif" o "lágrimas de Freya", en referencia a la mitología. Del mismo tenor son esos juegos de palabras que, tal y como ha demostrado Böhl, abundan en la lengua del Antiguo Testamento.[18]

La poesía resulta de principio a fin indisociable de ese elemento lúdico, ya sea en la forma o en la idea expresadas. No me parece exagerado ni reductivo llamar juego, en el sentido más elevado del término, a la rima y la métrica, a la estrofa y el paralelismo. La imaginación funciona siempre como un juego. Dondequiera que esté presente la necesidad de personificar, ya sea en los mitos del gigante primigenio Purusa o Ymir o en los encantadores personajes del poema que lleva por título "El rizo robado", lo que está en juego es el intelecto. Incluso me atrevería a afirmar que todos elementos que responden a la contaminación dc formas humanas y animales, tan característica de las denominadas culturas primitivas –piensen, por ejemplo, en los tótems y el culto a los animales–, no se alejan en ningún momento de la esfera del juego.

18. F. M. Th. Böhl, *Volksetymologie en Woordspeling in de Genesis-verhalen. Mededeelingen der Koninklijke Akademie van Wetenschappen, Afdeeling Letterkunde*, 59 A nº 3, 1925. Böhl considera los juegos de palabras como recursos "originados en una profunda seriedad". Suscribo esta visión siempre y cuando los entendamos también como juego.

Todo el desarrollo de la alegoría pertenece a este mismo contexto. Uno no debe tomársela nunca demasiado en serio, ni siquiera tratándose de las visiones místicas de Hildegarda de Bingen, como ya demostré en otro lugar.[19] San Francisco honra a su novia, la Pobreza, con el fervor más sagrado. ¿Acaso cree en semejante figura? La doctrina eclesiástica no la considera. En el epicentro mismo de la vida espiritual de San Francisco el límite entre el juego y lo serio se difumina.[20]

¿Acaso no pertenecen al ámbito lúdico los *indigitamenta* romanos, que se inventaban nuevas deidades como Pallor y Pavor, o Aius Locutius, Rediculus y Domiduca?[21]

El gusto por lo exorbitante y la exageración desmesurada es típico de lo lúdico. La fantasía con que la cultura védica narra cómo el santo asceta Cyavana, con motivo de un ejercicio espiritual llamado *tapas*, se esconde en un

19. *Über die Verknüpfung des Poetischen mit dem Theologischen bei Alanus de Insulis, Mededeelingen der Koninklijke Akademie van Wetenschappen, Afdeeling Letterkunde*, 74 B nº 6, 1932, en particular p. 82 y ss. [*Verzamelde Werken* IV, p. 64 y ss.]

20. Con no menos fervor que San Francisco, aunque con un lirismo más ligero, el místico Heinrich Seuse trata a la Sabiduría, que ya aparece personificada en el *Libro de la Sabiduría*; del mismo modo que se cita a Justitia, Pax, Misericordia y Veritas en el Salmo 84. La figura de Señora Propiedad, concebida por los indios haidas, constituye un ejemplo curioso de cómo puede llegar a personificarse una abstracción pura. La recoge Mauss en su *Essai sur le Don*. [Trad. de J. Bucci, *Ensayo sobre el don: forma y función del intercambio en las sociedades arcaicas*, Katz, Móstoles, 2009.]

21. Esta pregunta se formula con independencia de la interpretación que se dé a los *indigitamenta*, un ámbito en el que las opiniones de Usener, Götternamen, y Warde Fowler, *Religious Experience of the Roman People*, 1911, divergen bastante.

hormiguero del que sólo sobresalen sus ojos a modo de dos carbones ardientes,[22] o cómo Visvamitra permanece durante mil años de puntillas, no difiere mucho de la que derrocha un niño en sus juegos.

¿Hace falta que sigamos el rastro de este elemento lúdico de la hipérbole a través de la poesía de todos los siglos? Émile Faguet se ha referido al "grain de sottise nécessaire au lyrique moderne" [necesaria simiente de locura de la lírica moderna]. Más de uno se pregunta si esta semilla no ha florecido en demasía. En no pocos excesos del Modernismo, la poesía queda reducida a mero juego para compañeros de oficio, un juego inútil y vano.

Todos los grandes géneros poéticos presentan –en la medida en que han desempeñado una función social– un carácter lúdico. La epopeya pierde esta cualidad lúdica tan pronto como se convierte en imitación cultista: el *Orlando furioso* es puro y deslumbrante juego; no cabe decir lo mismo de *La Henriada* o de *La Alejandreida* de Gautier de Châtillon: ya no son *epos*. Tal vez haya quien objete que la epopeya artificial e imitativa es la máxima expresión del juego. Pero dejemos este asunto para otra ocasión. La lírica comienza a perder su naturaleza lúdica en cuanto deja de ser cantada, y se aleja cada vez más del juego cuando, con el Romanticismo, la emoción individual va apartando los elementos propicios al ejercicio

22. *Mahabharata*, III, 122.

agonístico y a la manifestación artística intachable. La obra de teatro, expresión suprema y más significativa de la poesía, conserva su elevado carácter lúdico. Cuestión, ésta, que también podría ser objeto de otra disertación; así, por ejemplo, me parece que lo lúdico está poco menos que ausente en las obras cinematográficas, aunque quizá me equivoque.

En ningún otro campo el vínculo entre *arte* y *juego* se revela tan sólido y fundamental como en la música. Ya les he comentado que en más de un grupo lingüístico la palabra "jugar" se refiere también a la destreza musical. Y esto no es lo único ni lo más importante. Las formas musicales en sí, al estar sustraídas a la esfera de la vida real, hallándose más allá de los conceptos y las apariencias, se desenvuelven íntegramente, y en el sentido más estricto del término, en la categoría del juego. Después de nuestras reflexiones acerca de la contraposición entre lo serio y lo lúdico, ya nadie me preguntará si acaso la música no es algo serio. Aún en sus expresiones más serias, la música sigue siendo un juego, al igual que la obra de teatro.

La historia cultural nos sigue suscitando numerosas incógnitas de gran relevancia en este ámbito. Incluso como factor social, la música quedó durante mucho tiempo adscrita a la esfera del juego. Haciendo abstracción de su función litúrgica, las sociedades antiguas la consideraban una mera habilidad artística y un pasatiempo, un motivo de rivalidad y de orgullo entre los príncipes. En 1717 Augusto *el Fuerte* de Sajonia organizó una competición musical entre J. S. Bach y Louis Marchand, el cual atinadamente no se presentó. El certamen musical, en su calidad de *divertimento* mundano, siguió prosperando en el siglo XVIII: Bononcini contra Händel en Londres, las cantantes Faustina y Cuzzoni enfrentadas en un renombrado torneo; en París, la lucha partidista entre *Bouffons* y *Opéra*, más tarde en torno a Gluck y Piccini. Hay que esperar al advenimiento del Romanticismo para que la música sea apreciada en su valor vital más profundo, si bien no por ello perderá su naturaleza lúdica. El juego perdura en el virtuosismo y la pervivencia de diferentes tendencias musicales, como demuestra a las claras la oposición todavía hoy latente entre los *Lieder* de Wagner y los de Brahms.

Los vínculos entre el juego y las artes plásticas resultan mucho menos claros. El destino específico de estas obras artísticas –culto, conmemoración o uso–, y quizá sobre todo el hecho de que su producción y exhibición difícilmente puedan enmarcarse en una forma social, parecen relegar de entrada el factor lúdico a un segundo plano. No obstante, fue este ámbito, el de las artes plásticas, el primero donde el *Spieltrieb* [el instinto, impulso o propensión al juego] se aceptó como origen y motivo de la creación artística, en Kant y Schiller.[23] Si dejamos la teoría a un lado y tratamos de identificar manifestaciones inequívocas del elemento lúdico en las artes plásticas, curiosamente aparecen justo ahí donde el arte es técnica antes que fantasía. Por tanto, habrá que estudiar estas dos facetas al unísono.

En el espíritu de los tiempos más antiguos, el arte y la destreza técnica confluyen, al igual que la obra artística y el artefacto. En ningún otro terreno el impulso cultural se manifiesta con tal fuerza, espontaneidad e inmediatez como en el desarrollo simultáneo de lo artístico y lo técnico, desarrollo que se produce en parte en la esfera del juego. Así al menos lo viene interpretando la tradición: los grandes hacedores de la Prehistoria fabricaron artefactos y crearon obras sorprendentes movidos por la rivalidad o por el afán de supervivencia. Aquí, la propensión hacia lo exorbitante resulta evidente. El ser humano, ansioso por ver y obrar milagros, logra su propósito en la competición, a través de la mitología: Tvastar, el creador, que forja la maza del trueno de Indra y se mide en habilidades artísticas con los tres Ribhus; Wieland el herrero, cuya espada corta las hebras de lana al vuelo; y sobre todo Dédalo –mítico antepasado de Leonardo–, que crea figuras capaces de caminar o consigue pasar un hilo por las

23. Schiller, *Über die ästhetische Erziehung des Menschen*, Vierzehnter Brief. [Trad. de J. Feijóo, *Cartas sobre la educación estética del hombre*, Madrid, Aguilar, 1969.]

circunvoluciones de una concha (a modo de respuesta a un problema que le someten) empleando una hormiga como bestia de tiro. La técnica aspira a hacer posible lo imposible, para asombro de los espectadores. En esto, la tradición poética gusta de llevar lo exorbitante a lo absurdo: la técnica de la imaginación se muestra capaz de cualquier cosa.

¿Es cierto que el nacimiento y el desarrollo del arte y de la técnica son debidos en parte al juego o la competición? Sin duda. En la vida artística y la producción artesanal de la Edad Media, la "obra maestra", directamente anclada en el juego, destaca al igual que las *disputationes* públicas en las universidades.[24] De hecho, el trabajo de los propios artistas se asienta en lides y obras encargadas por terceros. "Este coro lo han diseñado Villard de Honnecourt y Pierre de Corbie disputando entre ellos *–invenerunt inter se disputando–*", dice la leyenda de uno de los bocetos recogidos en el célebre *Cuaderno de Dibujo* del siglo XIII.[25] En esta misma línea se inscribe el concurso organizado por la ciudad de Florencia en 1418 para culminar la cúpula de la catedral. De entre los catorce proyectos resultó vencedor el de Brunelleschi.

24. G. G. Coulton, *Art and the Reformation*, Oxford, 1928, p. 136.
25. *Album de Villard de Honnecourt*, ed. H. Omont, fig. XXIX. A juzgar por el arquitecto, el móvil perpetuo para el que presenta una propuesta también es motivo de disputa: "Maint ior se sunt maistre desputé de faire torner une ruée par li seule..." [Los maestros han discutido durante muchos días sobre cómo hacer girar una rueda sobre sí misma].

Aunque en los tiempos más recientes el juego parece haber desaparecido por completo de la técnica, hace unos años el director de una de nuestras grandes compañías navieras me comentó que la rivalidad entre naciones por construir paquebotes cada vez más imponentes y más veloces era un fenómeno que no podía explicarse ni justificarse aduciendo posibles ventajas económicas o técnicas: emulación, competencia, competición, publicidad, juego... son todos ellos conceptos muy próximos entre sí.

Nos asomamos a un ámbito donde uno quizá no esperaría encontrar ni rastro del juego, a saber, la industria y el comercio. Sobre todo en nuestra época, cabría pensar que cuanto se refiere al comercio de mercancías es asunto serio: el cubrir necesidades básicas, el frío cálculo de las capacidades de compra o el ánimo de lucro. Aunque estos elementos se conozcan desde la noche de los tiempos no son los únicos que intervienen en el comercio. La vida económica no se nutre sólo de la necesidad, sino que, paradójicamente, también prospera en un contexto de generosidad, afecto, confianza, honor, soberbia y aventura. Debo ser breve, de modo que sólo pondré dos ejemplos: uno tomado de la etnología y otro procedente de la historia económica moderna. Quienes hayan leído la magnífica obra de Malinowski, *Los argonautas del Pacífico Occidental*, comprenderán a qué me refiero. Estarán familiarizados con la *kula*, la curiosa costumbre practicada por un grupo de isleños melanesios que de tiempo en tiempo emprenden con ceremoniosa solemnidad arriesgadas singladuras marítimas, de isla en isla, en dos direcciones opuestas, con el único fin de entregar temporalmente, a modo de regalos, a los demás participantes en este juego de generosidad, confianza y comunión objetos carentes de valor biológico (como el oro), tales como collares de conchas rojas y pulseras de conchas blancas. Este evento va acompañado de miles de rituales, estrechamente relacionados con el mito y la magia. Los objetos se cotizan como si se tratase de trofeos deportivos. El orgullo y el honor hacen de fuerza motriz. Aunque esta práctica reviste carácter no económico o incluso antieconómico, no deja de ser un sistema de crédito en estado puro. Así y todo, no hay que considerar la *kula* como el origen del comercio que se realiza con afán de lucro –éste sería un elemento menor, de segundo orden– sino como un intercambio comercial que adquiere la dimensión de un culto.[26]

A raíz de la descripción que Malinowski ofrece de la *kula* de las Islas Trobriand, surgieron estudios de fenómenos similares en todo el mundo, gracias a los cuales se pudo añadir un nuevo capítulo a la etnología. Merece una mención especial el *potlatch* practicado por los indios

26. B. Malinowski, *Argonauts of the Western Pacific*, Londres, 1922. Compárese con la obra del mismo autor *Crime and Custom in Savage Society*, Londres, 1926. [Trad. de A. Desmonts, *Los argonautas del Pacífico Occidental*, Ed. Península, Barcelona, 2011. Trad. de J. y M. T. Alier, *Crimen y costumbre en la sociedad salvaje*, Planeta/De Agostini, Barcelona, 1986.]

kwakiutl de la Columbia Británica. Se trata de una ostentosa ceremonia en la que el anfitrión regala sus pertenencias para mayor honor y prestigio de la estirpe, con la condición de futura reciprocidad. Pese a estar fuertemente entrelazado con la fe y el mito, este uso parece cimentarse en una demostración de generosidad y confianza. No cabe duda de que el *potlatch* puede ser calificado de juego. De hecho, así es como lo denomina Marcel Mauss, que en su *Ensayo sobre el don*[27] recoge costumbres semejantes de muy diversa procedencia, en especial de la Antigüedad Clásica y Germana.[28] A guisa de conclusión podría decir-

27. M. Mauss, *Essai sur le Don, Forme archaïque de l'échange, L'année sociologique*, n. s., I, 1923/4, París, 192, p. 102: "Le potlatch est en effet, un jeu et une épreuve". [Trad. de J. Bucci, *Ensayo sobre el don: forma y función del intercambio en las sociedades arcaicas*, Katz, Móstoles, 2009.] No puedo sustraerme a la impresión de que G. W. Locher, *The Serpent in Kwakiutl religion*, Leiden, 1932, ignora en exceso los elementos sociológicos en su profunda interpretación religiosa del *potlach*. Véase asimismo R. Maunier, *Recherches sur les échanges rituels en Afrique du Nord, L'année sociologique*, n. s. II, 1924/5, 1927. p. 124, 370. [*Verzamelde Werken*, III, p. 108, 314] Las tradiciones descritas por él no se alejan demasiado del *potlatch*.
28. Aunque a primera vista pueda parecer una comparación rebuscada, quisiera añadir el voto del faisán, el fastuoso banquete ofrecido por Felipe el Bueno en Lille en 1454; no por su carácter lúdico en general, sino como ejemplo por excelencia de ostentación recíproca y competitiva y pródigo recibimiento. El agasajo del duque puso la brocha final a una serie de festines organizados por los nobles de la corte borgoñesa. Se pasaban el turno mediante la entrega de una corona, empezando por abajo y llegando cada vez más arriba, a unas cotas de lujo cada vez más altas, hasta que el duque superó a todos en esplendor y opulencia. La Marche, *Mémoires*, II p. 340 y ss. Véase también mi *Herfsttij der Middeleeuwen*. [Trad. de A. Rodríguez de la Peña, *El otoño de la Edad Media: estudios sobre la forma de vida y del espíritu durante los siglos XIV y XV en Francia y en los Países Bajos*, Alianza Editorial, Madrid, 2012.]

se que el don a crédito (algo que hoy día suena a *contradictio in terminis*) es una operación igual de arraigada y más honrosa que vender un objeto a cambio de un contravalor inmediato.

¿Dónde se sitúa entonces el límite entre lo serio y lo lúdico? ¿Dónde trazar la frontera en el ejemplo tomado de la historia económica moderna que les tengo prometido? En la era del capitalismo temprano emergen en ciudades como Génova o Amberes el comercio a plazos y el seguro de vida, ambos ligados indiscutiblemente a la apuesta pura. No en vano hay quien duda de qué fue primero: ¿el serio elemento económico o el factor lúdico?[29] Estas "apuestas" –como acostumbra a describirlas Anthonio van Neulighem en sus *Openbaringe van 't Italiaens boeckhouden*[30] (1631) [Revelaciones sobre la contabilidad italiana] y que serán prohibidas una y otra vez, entre otros por Carlos V–,[31] se refieren en concreto a los siguientes escenarios azarosos: "vida y muerte de personas, viajes por tierra o por mar, parto de hembra o varón, ocupación de países, lugares o ciudades". Según Ehrenberg, la elección del

29. Véase E. Bensa, *Histoire du contrat d'assurance au moyen âge*, 1897, p. 84 y ss.; Ehrenberg, *Zeitalter der Fugger*, II, p. 19 y ss., donde se recogen las referencias bibliográficas mencionadas en estas páginas; J. van Dillen, en *De Economist*, 1927, p. 505.

30. Por ejemplo, pp. 77, 86 y ss., pp. 91-107; véase *Grootenboeck*, pp. 25 y 26.

31. Por ejemplo, 4 de diciembre de 1544, véase Verachter, *Inventaire des chartes d'Anvers*, nº 742, p. 215 (donde aparece con fecha de 1543); *Coutumes de la ville d'Anvers*, II, p. 400, IV, p. 8. Se encuentran interdicciones similares en Barcelona, 1435 y Génova, 1467: "decretum ne assecuratio fieri possit super vita (sic) principum et locorum etc. mutationes", Bensa l. c.

papa también era motivo de apuestas: "El ajetreo que esto provocaba era semejante al de las apuestas en las carreras de caballos". Es sabido que, sobre todo, el mundo anglosajón, especialmente aficionado a lo lúdico, tiene a mucha honra asumir apuestas y seguros sobre el resultado de casi cualquier cosa. Creo no arriesgarme en demasía si afirmo que, al "jugar en la Bolsa", el límite entre lo lúdico y lo serio –que en vano estamos tratando de delimitar– no viene determinado por la pregunta de si lo que está en juego es el precio del trigo o el resultado de una competición deportiva, lo económico supuestamente calculable o lo humano imprevisible.

Estos ejemplos nos llevan al último ámbito en el que pretendo señalar la presencia de elementos culturales de índole lúdica, a saber, el Estado y la sociedad en general. Acabo de hacer alusión a la apuesta, *wedde* en germánico antiguo, un vocablo que se caracteriza por una trayectoria histórica y semántica extraordinariamente singular. Se corresponde con el *gage* francés y el *wages* inglés, pero también está presente en el *wedding* [boda] inglés y el *jaarwedde* [sueldo anual] neerlandés. Aparentemente, la noción de juego poco tendría que ver con esto. Sin embargo, si nos remontamos al viejo Derecho Germánico podemos comprobar que apenas distinguía entre la formalización de un contrato y la de una apuesta en sentido moderno.

El *wedde-vadium* era el objeto simbólico[32] que una de las partes entregaba a un tercero para sellar el compromiso adquirido. En esta vieja acepción, toda "apuesta" encierra la promesa de un logro extraordinario, por lo que se aproxima al *voto solemne* que perviviría durante tanto tiempo como factor lúdico en los usos y costumbres caballerescos[33] y en el torneo y la competición en general, situados, si no del todo al menos en parte, en la esfera del juego.[34] El jugador lanza la *gage de bataille*, el guante u otro objeto a la palestra, de la misma manera que, con vistas al matrimonio, se practica el llamado *brautlauf* [carrera por la novia] o *wettsteigerung* [subasta de novias]. Brunilda exige de sus pretendientes que midan sus fuerzas; los ases luchan por Freya. En los antiguos usos jurídicos alemanes abundan los motivos lúdicos: las lindes y las propiedades se fijan mediante una carrera, el lanzamiento de un hacha, un rozamiento a ciegas o la primitiva ruleta

32. Este carácter simbólico diferencia la "apuesta" de la prenda.

33. Véase mi *Herfsttij der Middeleeuwen*, pp. 112-127 [*Verzamelde Werken*, III, pp. 98-110]. [Trad. de A. Rodríguez de la Peña, *El otoño de la Edad Media: estudios sobre la forma de vida y del espíritu durante los siglos XIV y XV en Francia y en los Países Bajos*, Alianza Editorial, Madrid, 2012.]

34. Formalmente hablando, en el Derecho inglés la *wager of battle*, es decir, la apuesta del duelo judicial, y la *wager of law*, es decir, la apuesta del juramento de inocencia, son puras apuestas que no serían abolidas hasta 1819 y 1833 respectivamente; Murray, *Dictionary, in voce* Wager. Véase M. Mauss, *Revue de l'histoire du droit français*, 4, VII, 1928, p. 331 y ss., sobre la situación en la antigua sociedad germánica: "la apuesta es una forma de contrato que goza de gran popularidad", las costumbres matrimoniales nos llevan a "clasificar el matrimonio entre los contratos a base de pruebas", que "están vinculados a prestaciones de tipo agonal".

del huevo rodante.[35] Indisociables, la seriedad del interés y la forma de lo lúdico se entremezclan.

Además de *wedde*, cabe mencionar un vocablo del latín medieval que posee un significado prácticamente idéntico: *plegium*. De origen germánico, la palabra dio lugar a *pleige* en francés antiguo y a *pledge* en inglés. Cubre un campo semántico que se extiende desde "avalar, aval" hasta "responder a un brindis". Se remonta al verbo del germánico antiguo *plegan*, cuyo significado primitivo es supuestamente el de "avalar". Por otra parte, *plegan* –o al menos una forma homónima– ha derivado en el *play* inglés. Verdam y Van Wijk, y también Boekenoogen en su diccionario, desligan *plegan-pledge* (avalar) de *plegan-play* (jugar), aduciendo la disparidad de sus respectivos significados.[36] Ahora bien, si ponemos estas palabras junto a *wedde-vadium* en el marco de nuestra disertación parece ganar fuerza la hipótesis de un origen común, de un único verbo, *plegan*, cuyo significado se aproxima mucho al de juego.

Pasemos ahora a comentar otra relación, incluso más relevante. Ya en el colegio nos explicaron que el pueblo de

35. Grimm, *Rechtsaltertümer*, capítulo III de la introducción. La delimitación de la propiedad mediante la carrera se aplica en la actual Sudáfrica a los yacimientos de oro. Los rivales se alinean en una fila y salen corriendo a la mayor velocidad posible.

36. *Middelnederlandsch Woordenboek*, "plegen", 437. I; Franck-Van Wijk, *Etymologisch Woordenboek*, "plegen", 507; *Woordenboek der Nederlandse Taal*, "plegen", 2483. Tanto *to play* (inglés) como *plegen* (neerlandés) y *pflegen* (alemán) dan muestras del marcado debilitamiento semántico al que me he referido antes.

Roma clamaba pan y circo. Sin embargo, fue la lectura de la magistral obra de Rostovtzeff, *Historia social y económica del imperio romano*, la que me hizo ver hasta qué punto, además del pan, también el circo –el juego– constituía una de las razones de ser del Estado romano y uno de los derechos fundamentales de la plebe. El imperio romano no se ceñía sólo a lo útil (¿qué Estado lo hace?). Cuando una batalla se sellaba con un triunfo, la celebración de la victoria resultaba igual de importante que la consecución de un objetivo bélico ya fuera consolidar fronteras o alejar enemigos. Rostovtzeff muestra, aunque sin decirlo de forma explícita, que en aquella construcción romana tan gloriosa como corrupta destaca un elemento que yo no puedo por menos definir como lúdico. Ya sea en todas esas ciudades, algunas efímeras, con sus magníficos y fútiles decorados hechos de termas, arenas y arcos de triunfo para beneficio de un número reducido de gentes acaudaladas, en los hábitos del populacho condenado a la pobreza y la ignorancia, en las suntuosas inscripciones que alaban a los magnánimos mecenas en la pomposa literatura de los panegíricos o en el estilo frívolo y liviano del mosaico y la pintura mural está presente el juego. ¿Estoy acaso incurriendo en el error contra el que yo mismo advertí, y peque de dilatar en exceso los dominios de lo lúdico? No creo.

En cualquier siglo y en cualquier pueblo, el juego se mezcla con todo cuanto sea estamento, facción o corporación. El ejemplo más ilustrativo lo representa la Edad Media, con la caballería, la corte, los gremios o los círculos literarios. Teniendo en cuenta que ya estudié en otro lugar el factor lúdico de los torneos y la heráldica, las cortes de nobles y los combates entre caballeros, la lírica galante y los usos cortesanos, no hace falta volver sobre ello aquí.[37] Pese al aire de gravedad que las rodea, las convenciones nobiliarias, creadoras de un mundo encerrado en sí mismo, se mueven siempre en el límite del juego: con una sonrisa, la vitalista aristocracia escribe su propia sátira bajo la envidiosa mirada del común.

También el siglo XVIII nos deja contemplar en el marco de una intimidad atractiva y grácil el juego de la cultura en toda su riqueza. Como ya comenté en otra ocasión, es una centuria que se caracteriza por un fuerte espíritu de competición y de polémica. En ella no sólo prospera la música, sino también las ciencias y el arte. El estilo al que se asocia el siglo en su pleno auge, el Rococó, se presenta más travieso que ningún otro. ¿Qué es el exotismo dieciochesco, el anhelo de lo extraño, reflejado en el turbante y el batín, las *Cartas persas* y la *Marcha Turca*, sin olvidar lo chinesco, con sus pagodas y pabellones de té? ¿Qué es sino puro juego? Ni siquiera cuando la emoción y el afán de libertad inspiran la mente, se pierde el factor lúdico. En

37. *Herfsttij der Middeleeuwen*, capítulos II-X [*Verzamelde Werken*, III]. Trad. española, *op. cit.*

el sentimentalismo, en las compañías armadas de los Patriotas holandeses, en Chatterton y Ossian, en el renacer del gusto por lo gótico, en definitiva, en el surgimiento de ese gran despliegue de nuestra consciencia estética que denominamos Romanticismo, lo serio se confunde con lo lúdico.

¿Y en nuestra época? Aquí el juicio se tambalea y la imagen se vuelve difusa. Es evidente que en la sociedad contemporánea abunda lo lúdico. Tanto es así que adquiere unas formas y dimensiones nunca vistas. El mundo está ya tan interrelacionado que una *moda* como la de los juegos de palabras cruzadas o el yoyó se extiende de Hollywood a Moscú a una velocidad mayor que la de la seudoviruela o la enfermedad de Weil. Sin duda para el sociólogo se trata de un fenómeno nada desdeñable. Nosotros, en cambio, nos sentimos atraídos por otras cuestiones. Desde Inglaterra, el deporte internacional se ha erigido en un factor nuevo y preponderante de la vida social: en el ámbito de la organización, competición y publicidad que le es propio, se están introduciendo hasta actividades no deportivas (no me atrevo a llamarlas *divertimentos*) como los juegos de naipes y el ajedrez.

No nos interesa aquí tanto el deporte en sí como su posición con respecto al problema de los límites entre lo lúdico y lo serio que aquí nos ocupa. ¿Podemos seguir considerando el deporte como un juego? Ante esta pregunta queda patente que en nuestra cultura hiperarticulada, hiperdesarrollada e hiperconsciente se ha producido una alta contaminación entre los valores espirituales encarnados por lo lúdico y lo serio. Nunca antes la frontera entre ambos se ha cruzado con tal facilidad y frecuencia. El juego pierde su despreocupación, su autonomía, su franqueza, y pretende pasar por serio. Se llena de elementos de índole técnica y económica. Dondequiera que reine el concepto de *récord*, ya sea en la aviación o la navegación oceánica, se rebasa la frontera de lo lúdico. Es algo que no sólo ocurre en los campos que acabo de mencionar. En cualquier manifestación política o cultural supuestamente seria, el instinto de juego puede llegar a desbocarse. A diferencia de las culturas arcaicas, nuestra sociedad contemporánea quizá no sepa muy bien cuándo ni a qué está jugando.

Ya se lo he advertido a ustedes en dos ocasiones: esta es una cuestión peligrosa. Quien no tenga plena confianza en la mente y en la vida hará mejor en no aventurarse por esta ladera del pensamiento. El juego se revela como una categoría que lo devora todo, del mismo modo que la estulticia, que personificándose en la visión de Erasmo, estaba llamada a convertirse en la reina del mundo. Les recomiendo que no pongan demasiado empeño en averiguar si todas las actividades serias de la civilización contemporánea encierran un componente lúdico. De lo contrario, corren el riesgo de acabar discutiendo con los amigos o consigo mismos. Guardemos las distancias. No soy el único en opinar así. En una de sus novelas,[38] H. G. Wells trata este asunto de forma conmovedora al referirse a los irlandeses. A mi juicio, el elemento lúdico está presente tanto la nueva Rusia[39] como en la sociedad norteamericana. Todo cuanto es parlamentarismo y fascismo, con sus elecciones, comités de acción y derrocamiento de ministerios, contiene una parte indiscutible –e imprescindible– de juego. Si esa parte desaparece, introduciendo por ejemplo el derecho de voto proporcional, la vida política languidece y se agarrota.

El atolondramiento semivoluntario que podemos observar a diario en múltiples ámbitos de la actividad política, si abrimos bien los ojos, encuentra su explicación, y en cierto modo también su justificación, en el inexorable factor lúdico ligado a cualquier forma de cultura. Estamos tocando, por tanto, en esta nuestra disertación, una y otra vez las cuestiones más esenciales del estudio de la cultura, cuestiones a las que la etnología, la psicología y

38. *Joan and Peter*, 1920, capítulo II, párrafo 8; capítulo XIII, párrafo 6. [Trad. de I. Lopez Valencia, *Juana y Pedro. Historia de una educación*, Aguilar, Madrid 1930]

39. Me refiero, por ejemplo, a la tendencia de cambiar el nombre de las ciudades en función de los personajes destacados del momento, o al impúber anhelo de despertar la emulación incitando al pueblo a cometer actos económicos útiles, tal y como queda plasmado en los carteles elogiosos que adornan las estaciones de trenes: "El maquinista N (con retrato) ha recorrido n kilómetros consumiendo tan solo x kg de combustible". Con todo, estos no son más que fenómenos superficiales; en realidad, el carácter lúdico del experimento ruso va mucho más lejos. En los buques de guerra norteamericanos, las máquinas y los cañones llevan insignias decoradas con una gigantesca letra E de *efficiency*.

la epistemología juntas apenas logran aportar respuestas, y menos aún una solución.

Buena parte de la cultura se libra de ser tachada de hipócrita por el mero hecho de enmarcarse en el ámbito del juego. La sociedad se salva, se redime gracias al juego.

Estamos llegando al final. Ha quedado claro que no existe línea capaz de trazar los límites que buscábamos. Cada vez que hemos intentado delimitar lo lúdico, ya sea en lo sagrado o lo profano, lo bello y noble o lo trivial e insignificante, nos hemos topado casi de inmediato con el límite de nuestra propia capacidad de expresión. La frontera entre lo lúdico y lo serio parece situarse en lo inalcanzable.

Les ruego no se tomen este discurso como una muestra de inane derrotismo respecto a la cultura y la sociedad. No pretendo denigrar lo serio, sino elogiar y ensalzar el juego. Y a quienes se sienten atemorizados ante la falta de límites entre ambos conceptos les ofrezco unas marcas de referencia que les permitirán desenvolverse con serenidad. Más allá de todo juego se ubican las pertenencias más preciadas del ser humano: compasión y justicia, sufrimiento y esperanza. Una única gota de cualquiera de estas cualidades les bastará para consagrar sus actos y sus pensamientos y transformar la cuestión de los límites entre lo lúdico y lo serio en algo sin importancia.

Demos un paso más. Hará cosa de un año viajaba en tren con un amigo físico. Nos pusimos a hablar de los fundamentos de nuestras ciencias y terminamos intercambiando opiniones sobre asuntos de gran calado. Al término de la conversación, el experto en conocimientos matemáticos observó de repente: "Claro, para ti la ciencia también es un noble juego, ¿verdad?". Superado el sobresalto, contesté con un "sí" poco convencido. De hecho, por mi fuero interno retumbó un contundente "no". Reconocer que aquello a lo que me había dedicado en cuerpo y alma no fuese más que juego me sabía a profanación y fracaso.

A menos que pensase que el siempre cambiante concepto de juego en su sentido más elevado y amplio no devorase todo cuanto de fútil tiene este mundo y ensalzara todo lo serio.

Así lo entendió un pensador cuyas palabras a ratos adoptaban el sonido de la eternidad. "Alle Creaturen sind Gottes Larven und Mummereien" [Todas las criaturas son larvas y máscaras de Dios], llegó a afirmar Lutero.[40] Máscaras y disfraces a través y detrás de los cuales Dios

40. Lutero, *Werke, Erlanger Ausgabe, XI* p. 115; véase *Weimarer Ausgabe* XV. 373. 5, XVI. 263. 4, XIX. 360. 19, XXIII. 8. 36, XL. 174. 3, 175. 17, XLII. 507. 16, citado por F. Blanke, *Der verborgene Gott bei Luther*, Berlín, 1928. Sebastian Franck, el derrotista religioso, arruina la idea de Lutero privándola de su significado más hondo al considerar el juego del mundo como una farsa carnavalesca sin sentido, enredada y aborrecida por Dios mismo. Véase R. Stadelmann, *Vom Geist des ausgehenden Mittelalters*, Halle, 1929, p. 258.

representa el mundo. En otro momento observó que toda la historia no es más que el juego de Dios. En esta profunda metáfora, la contraposición que pretendíamos definir aquí queda abolida efectiva e irrevocablemente.

Paul Cézanne *Leer la naturaleza*

Maurice Merleau-Ponty *La duda de Cézanne*

W. H. Fox Talbot *El lápiz de la naturaleza*

Jacques-Louis David *La Antigüedad como patria*

Renato Barilli *Los prerrafaelitas*

André Breton *¿Qué es el surrealismo?*

Friedrich Schiller *Lo sublime*

Antonio Saura *El perro de Goya*

J. W. Goethe *La última cena de Leonardo*

Friedrich Nietzsche *Ilusión y verdad del arte*

Karel van Mander *Vidas de pintores flamencos*

Karl Kraus *La tarea del artista*

Johan Huizinga *El problema del Renacimiento*

Pedro Aullón de Haro *La ideación barroca*

Ingres *Perpetuar la belleza*

J.K. Huysmans *Grünewald, el retablo de Isenheim*

Aby Warburg *Sando Botticelli*

Aldous Huxley *Las cárceles de Piranesi*

Gertrude Stein *Picasso*

Antonio Palomino *Vida de Velázquez*

Miguel de Unamuno *Zuloaga y la pintura*

Jacob Burckhardt *Los pintores venecianos*

Pedro Pablo Rubens *Teoría de la figura humana*

Alexandre Dumas *Tiziano*

Ramón Gómez de la Serna *Humorismo*

Darío de Regoyos *España negra*

Victor Hugo *De Bruselas a Brujas*

Georg Simmel *Filosofía de la moda*

Giorgio Vasari *Pontormo*

Walter Benjamin *El surrealismo?*

Fernando Arrabal *El Greco*

Henri Focillon *Daumier*

Montesquieu *Ensayo sobre el gusto*

John Ruskin *Imitación y verdad*

José Saramago *Andrea Mantegna, una ética, una estética*

W. Somerset Maugham *Zurbarán*

Toulouse-Lautres *Ellas*

Roger Fry *Giotto*

Ambroise Vollard *Retratos: de Cézanne a Picasso*

Paul Lafond *Murillo*

Charles Yriarte *Fortuny*

Aldous Huxley *La agallas de El Greco*

Carl Einstein *Picasso y el cubismo*

Apollinaire *Picasso 1905-1918*

Francisco de Holanda *Palabra de Miguel Ángel*

Roland Barthes *Arcimboldo*

www.casimirolibros.es